Stricken & verfilzen

Hausschuhe, Mützen, Taschen und Accessoires

AUTORINNEN: Linda Boonen (S. 50 – 64), Friederike Pfund (S. 8 – 49)

Genehmigte Sonderausgabe für die Verlagsgruppe Weltbild GmbH, Steinerne Furt 67, D-86167 Augsburg

FOTOS: frechverlag GmbH, 70499 Stuttgart; Fotostudio Ullrich & Co., Renningen

DRUCK: DELO-Tiskarna d. d., Ljubljana

ISBN 978-3-7724-5443-1
Einkaufen im Internet: *www.weltbild.de*

Stricken & verfilzen

Kuschelige Mützen, bequeme Hausschuhe, modische Taschen oder individuelle Wohnraumaccessoires – in diesem Buch finden Sie traumhafte Ideen, die Sie einfach und schnell nachmachen können.

Mit dicken Nadeln und reiner Wolle gestrickt, sind die Modelle auch für ungeübte Strickerinnen kein Problem. Das Filzen übernimmt dann die Waschmaschine für Sie.

Genaue Anleitungen erleichtern das Nacharbeiten und sorgen dafür, dass das Stricken und Verfilzen gelingt.

Geht schnell, macht Spaß und jede Kreation ist sicher ein Unikat. Probieren Sie es aus!

Viel Freude und überraschende Momente beim Strickfilzen!

So wird's gemacht

Stricken und Verfilzen

Bei allen Modellen in diesem Buch wird zunächst gestrickt und anschließend in der Waschmaschine gefilzt.

Geeignete Wolle

Zum Stricken und Verfilzen eignen sich am besten Garne, die aus reiner Wolle bestehen (z.B. Schaf- oder Alpakawolle). Durch das anschließende Waschen entstehen filzähnliche Oberflächen und Strukturen. In diesem Buch wurden jedoch auch einige Garne verwendet, die aus Mischungen von Wolle und synthetischen Fasern bestehen. Auch diese Garne lassen sich gut verfilzen, wenn der Wollanteil hoch genug ist und die Besonderheiten beim Waschen beachtet werden. Verwenden Sie jedoch niemals Wolle, die mit „Superwash" ausgestattet ist, denn sie verfilzt nicht!

Stricken allgemein

Das Strickstück wird mit dickeren Nadeln locker gestrickt. Unregelmäßigkeiten im Strickbild sind nicht schlimm, da sie nach dem Filzen nicht mehr sichtbar sind. Beim Stricken von Brazilia immer einen Wollfaden und einen Faden Brazilia verwenden. Niemals einen doppelten Faden Brazilia verstricken, sonst verfilzt an dieser Stelle das Modell nicht, da Brazilia nur aus Synthetik besteht und deshalb nicht filzen kann! Bei runden oder abgerundeten Teilen die letzte Runde immer locker abketten, sonst bleibt das Strickstück später nach dem Filzen nicht plan, sondern wellt sich.

Stricken von Hausschuhen

Hier unbedingt vorher eine Maschenprobe machen. Die Maschenprobe immer in der gleichen Nadelstärke stricken, die auch für das eigentliche Strickteil verwendet wird.

Maschenprobe jeweils mit Nadeln Nr. 8 bei glatt rechts:
Ungefilzt: 11,5 Maschen und 17 Reihen = 10 cm x 10 cm
Gefilzt: 15 Maschen und 26 Reihen = 10 cm x 10 cm

Den Schuh an der Ferse beginnen. Die Maschen laut Größentabelle anschlagen und in offenen Reihen, wie in der Größentabelle angegeben, stricken. Danach alle Maschen auf das Nadelspiel verteilen. In der ersten Runde zwei Maschen vor dem Schließen der Runde in der vorderen Mitte einfügen. Die erste der beiden neuen Maschen auf die Nadel davor, die andere Masche auf die nächste Nadel nehmen. Die Anzahl der geschlossenen Runden laut Tabelle arbeiten. Für die Spitze die beiden ersten Maschen jeder Nadel rechts zusammenstricken, bis sich auf jeder Nadel nur noch zwei Maschen befinden. Den Faden abschneiden. Die restlichen 8 Maschen damit zusammenziehen und innen fest vernähen. Die hintere Fersennaht möglichst glatt zusammennähen.

Tipps & Tricks

Für schmale Füße kann auf die Zunahme der beiden mittleren Maschen verzichtet werden. So werden die Schuhe vorne schmaler.

Beim Stricken farbiger Streifen den Farbwechsel immer in der Mitte der Unterseite vornehmen, so dass er später beim Tragen des Hausschuhs nicht auffällt.

Für eine perfekte Fersennaht die Strickarbeit mit einem kontrastfarbenen Hilfsfaden anschlagen. Diesen Faden zum Schluss wieder entfernen und die offenen Maschen je zur Hälfte auf zwei Hilfsnadeln verteilen. Die Maschen dann im Maschenstich verbinden.

Die fertigen Schuhe werden durch im Fachhandel erhältliche aufbügelbare ABS-Stopper rutschsicher. Denselben Antirutsch-Effekt erzielt man, wenn die Sohle nach dem Trocknen mit Latexmilch bestrichen wird.

Die Materiallisten beinhalten genaue Garnbezeichnungen. Im Fachhandel finden Sie ein vielfältiges Angebot.

Waschen und Verfilzen

Das Strickfilzen ist immer wieder überraschend, denn die fertige Größe und die Beschaffenheit der Modelle hängt von unterschiedlichen Faktoren ab. Eine wichtige Rolle spielt das Stricken selbst.
Wer locker strickt, bekommt ein anderes Ergebnis als derjenige, der fest strickt. Hinzu kommt, dass jede Waschmaschine anders wäscht. Falls Sie nur vorgegebene Programme wählen und nicht die gewünschte Temperatur einstellen können, probieren Sie es zuerst mit der nächst niedrigeren Einstellung, den zweiten Waschgang dann mit höherer Temperatur durchführen. Geben Sie zur Wäsche ein paar Handtücher oder drei Tennisbälle dazu, da sie die Strickstücke zusätzlich walken. Am besten gelingt das Filzen mit dem Buntwäsche-Programm bei normaler Schleuderzahl. Verwenden Sie bitte einen halben Becher Color-Vollwaschmittel und waschen Sie Ihr Strickstück alleine. Kleine Teile geben Sie am besten in ein Wäschenetz. Stellen Sie nie Sparprogramme oder Kurzwaschgänge ein. Das ist sehr wichtig, denn der Filzvorgang braucht viel Wasser. Benutzen Sie keinen Weichspüler.
Verfilzt das gestrickte Teil beim ersten Waschvorgang nur leicht, sollte es ein zweites Mal gewaschen werden. Die Wolle Wash+Filz-it!, die speziell für diese neue Technik entwickelt wurde, filzt schon beim ersten Waschen und einer Temperatur von 60 °C. Auch die Alpakawolle, die besonders schön weich bleibt und eine ganz interessante Oberfläche bekommt, filzt gut beim ersten Waschgang, aber bei 40 °C. Mischgarne brauchen meist einen zweiten, manchmal auch einen dritten Waschgang bis sie richtig gut filzen. Generell schrumpfen alle Modelle bei einem zweiten Waschgang bei gleicher oder höherer Temperatur noch einmal etwas ein. Wenn ein Stück zwar schön verfilzt, aber noch etwas zu groß ist, lässt es sich gut noch ein zweites Mal waschen.

Achtung! Waschen Sie das fertig gefilzte Modell daher nicht mehr in der Waschmaschine, sondern nur noch von Hand, da das Strickstück ansonsten weiterschrumpft!

Größentabelle Hausschuhe

Größe	25	26	27	28	29	30	31	32	33	34	35	36	37	38	39	40	41	42	43	44	45	46	47
Maschenanschlag	22	22	24	24	26	26	28	28	28	30	30	30	32	32	32	34	34	36	36	38	38	38	38
offen gestrickte Reihen ab Anschlag	22	23	23	24	24	24	25	25	26	27	28	30	31	32	33	34	35	35	36	38	38	39	41
geschlossene Runden	19	19	19	19	20	21	21	22	22	23	24	24	25	26	28	29	30	31	32	32	33	34	34
Gesamtlänge in cm (gewaschen)	17,5	18	18,5	19	19,5	20	20,5	21	21,5	22	22,5	23,5	24,5	25,5	26,5	27	28	29	30	30,5	31,5	32	32,5

Als letzter Faktor spielt natürlich auch die Wolle eine Rolle. Sie ist ein Naturprodukt und ist somit selbst Schwankungen unterworfen. So wird jedes Teil auf jeden Fall ein Unikat! Aus diesem Grunde ist es unerlässlich bei Modellen, bei denen ein genaues Ergebnis gewünscht wird, eine Maschen- und eine Filzprobe anzufertigen. Stricken Sie zunächst mit der Wolle Ihrer Wahl ein kleines Probestück, notieren Sie sich die Maße vor und nach dem Waschen. Schreiben Sie auf, welches Waschprogramm und welche Temperatur verwendet wurden. So können sie anschließend genaue Berechnungen anstellen.

Trocknen

Beim Trocknen der Modelle sollten Sie darauf achten, dass sie immer wieder in Form gezogen werden oder noch etwas in die Länge oder Breite gestreckt werden können. Bei den Schuhen nach dem Waschen die Ferse über die Faust schön rund formen. Falls die Schuhe nach dem Waschen noch zu groß sind, eventuell nochmals bei 30 °C waschen. Für Accessoires, die später eine spezielle Form haben sollen (z.B. Glashülle, Stiftebecher, Eierwärmer oder Bettflasche) empfiehlt es sich, Formhilfen beim Trocknen zu verwenden (z.B. ein Stopfei oder ein Glas).

Strickkordel

Für die Kordel die angegebene Maschenzahl anschlagen. *Die Maschen rechts bzw. links stricken, zurück an das andere Ende der Nadel schieben und rechts bzw. links stricken. Ab und zu am Anfangsfaden ziehen, damit die Kordel schön gleichmäßig wird. Ab * wiederholen, bis die Kordel die gewünschte Länge erreicht hat.

Alternativ kann die Kordel auch mit einer 4- oder 8-hakigen Strickliesel oder einer Strickmühle gestrickt werden.

Pompons

Mit dem Zirkel einen Kreis in der gewünschten Größe auf Pappkarton zeichnen. Einen kleineren Kreis genau in die Mitte des ersten zeichnen. Zwei identische Scheiben anfertigen und ausschneiden. Die Pappscheiben übereinander legen und mit Wolle – immer von innen nach außen – umwickeln, bis die Scheiben vollständig bedeckt sind. Mit einer Schere am äußeren Rand die gewickelte Scheibe aufschneiden, einen Faden zwischen die beiden Pappscheiben führen und alles fest abbinden. Die Pappscheiben entfernen. Den Pompon mit einer Schere gleichmäßig rund schneiden.

ABKÜRZUNGEN

abk = abketten
abn = abnehmen
anschl = anschlagen
auff = auffassen
beids = beidseitig
Dm = Doppelmasche
Fb = Farbe
fM = feste Masche(n)
Häkelnd = Häkelnadel
Hinr = Hinreihe(n)
Km = Kettmasche(n)
Lm = Luftmasche(n)
M = Masche(n)
Nd = Nadel(n)
R = Reihe(n)
Rd = Runde(n)
Rdm = Randmasche(n)
Rückr = Rückreihe(n)
Stb = Stäbchen
str = stricken
U = Umschlag
wdh = wiederholen
zun = zunehmen
zus = zusammen

Stielstiche

Von links nach rechts sticken. Am Beginn einer Konturlinie ausstechen, *auf der Kontur eine entsprechende Stichlänge (ca. 6-8 mm) weitergehen, knapp rechts neben der Konturlinie einstechen und auf der Rückseite die halbe Stichlänge der Vorderseite zurückgehend knapp links neben der Konturlinie wieder ausstechen. Den Vorgang ab * stets wiederholen, bis die gesamte Konturlinie überstickt ist.

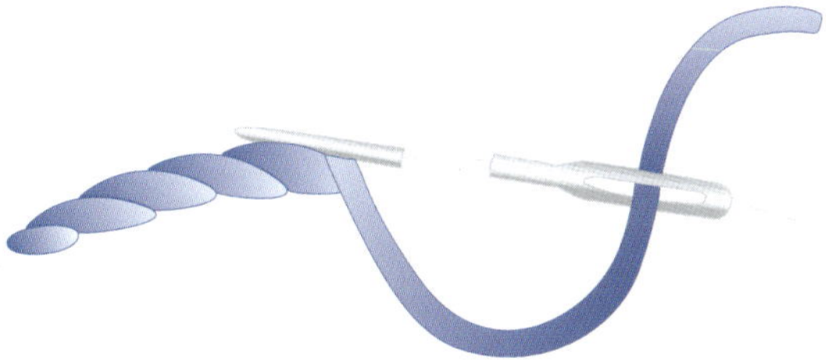

Spannstiche

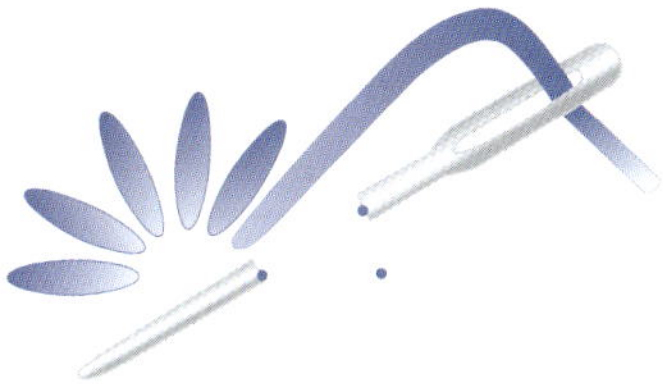

Einzelne Spannstiche durch eine Linie oder zwei Punkte markieren. Dann am ersten Punkt oder am Beginn der Linie ausstechen und am zweiten Punkt oder am Ende der Linie wieder einstechen. Den Faden anziehen.

Knötchenstich

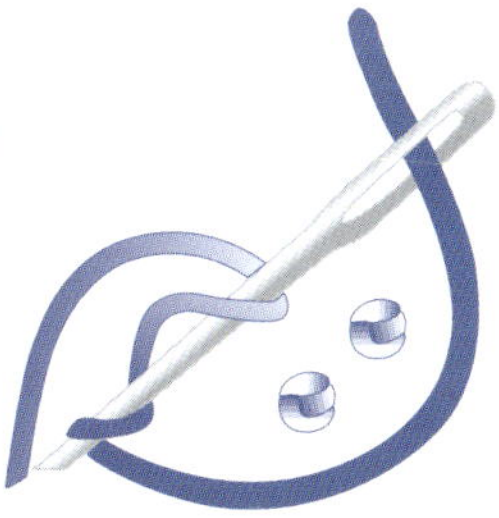

MÜTZEN

Kalte Ohren waren gestern. Mit diesen Mützen und Kappen sind Sie immer gut behütet. Vorteil des Selbermachens: Nach dem Filzvorgang in der Waschmaschine können sie passgenau in Form gezogen werden.

Rote Mütze mit Biesen

→ feminin und extra warm

GRÖSSE
Kopfumfang
ca. 53-55 cm

MATERIAL
- Schachenmayr Wash+Filz-it! in Burgund (Fb 06), 250 g
- Rundstricknadel Nr. 8

MASCHEN-PROBE
Mit Nd Nr. 8 im Grundmuster
12 M und 17 R
= 10 cm x 10 cm

gefilzt
15 M und 22,5 R
= 10 cm x 10 cm

Grundmuster

Glatt rechts: Hinr rechts, Rückr links

Anleitung

Begonnen wird in der hinteren Mitte mit 40 M Anschlag. 15x die 8 R des Zählmusters str. Danach alle M abk.

Ausarbeiten

Die Anschlag- und Abkett-R flach ohne Wulst in Burgund zusnähen. Die obere Öffnung mit einem Faden in Burgund zusziehen und vernähen. Nun die Kappe auf links drehen und die Biesen abnähen. Dafür mit einem Faden in Burgund die 4. und 11. M (von hinten sind das glatt rechte M) ringsherum zusnähen. Die M dazwischen werden dadurch nach vorne geschoben und so ergibt sich die Biese.
Genauso die 2. Biese mit der 15. und 21. M abnähen.

Waschen

Alles bei 40 °C einmal waschen (siehe Allgemeine Erklärungen).

Fertigstellen

Die Mütze nach dem Waschen aufprobieren und in Form ziehen. Durch die Biesen sitzt die Mütze etwas strammer!

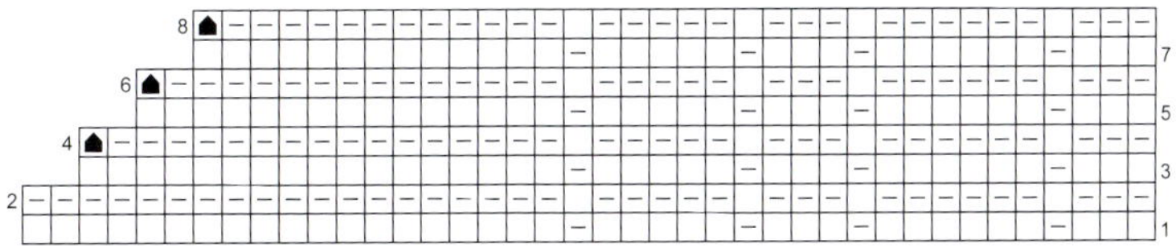

ZEICHENERKLÄRUNG

□ = 1 rechte M

⊟ = 1 linke M

▲ = 1 Dm

Grauer Hut

→ mit schwarzen Streifen

GRÖSSE
Kopfumfang
ca. 54-56 cm

MATERIAL
- Schachenmayr Wash+Filz-it! in Grau (Fb 15), 200 g und Schwarz (Fb 01), 50 g
- Rundstricknadel Nr. 8
- Nadelspiel Nr. 8

MASCHENPROBE
Mit Nd Nr. 8 im Grundmuster
12 M und 17 R
= 10 cm x 10 cm
gefilzt
15 M und 22,5 R
= 10 cm x 10 cm

Grundmuster

Glatt rechts: Hinr rechts, Rückr links

Anleitung

Beginn ist die hintere Mitte. Dafür 36 M in Grau anschl und im Grundmuster nach der Strickschrift str.
Die 1. bis 12. R 5x str (= 60 R), 1x die 1. bis 12. R in Schwarz str, dann die 1. bis 12.R noch 9x in Grau str. Alle M abk.

Die Anschlag- und Abkett-R flach ohne Wulst in Grau zusnähen. Die obere Öffnung ebenfalls mit einem Faden in Grau zusziehen und vernähen.

Kordel

6 M auf 2 Nd des Nadelspiels in Grau anschl und über 170 Rd eine Kordel (siehe Allgemeine Erklärungen) str. Dabei alle 10-15 Rd die Farbe wechseln. Mit Grau enden und alle M abk.

Waschen

Alles bei 40 °C einmal waschen (siehe Allgemeine Erklärungen).

Fertigstellen

Den Hut nach dem Waschen aufprobieren und in Form ziehen. Die Kordel um den Hut legen und mit einem Stich oder einer kleinen Brosche fixieren.

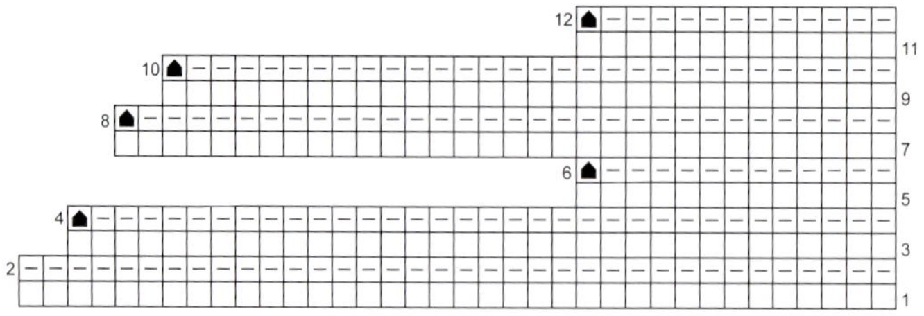

ZEICHENERKLÄRUNG

□ = 1 rechte M
⊟ = 1 linke M
■ = 1 Dm

Hut in Grün

→ nicht nur für den Herbst

GRÖSSE
Kopfumfang
ca. 55-56 cm

MATERIAL
- Schachenmayr Wash+Filz-it! in Oliv (Fb 17), 200 g
- Gedifra Fashion Trend Fino Stripe in Braun meliert (Fb 5612), 50 g
- Rundstricknadeln Nr. 4,5 und 8
- Knopf in Grün, ø 2 cm

MASCHEN-PROBE
Mit Nd Nr. 8 im Grundmuster
12 M und 17 R
= 10 cm x 10 cm

gefilzt
15 M und 22,5 R
= 10 cm x 10 cm

Grundmuster

Glatt rechts: Hinr rechts, Rückr links

Perlmuster

Hinr: 1 M rechts, 1 M links
Rückr: alle M versetzen

Anleitung

Für die hintere Mitte 36 M mit Nd Nr. 8 in Oliv anschl und im Grundmuster nach der Strickschrift str. Die 1. bis 12. R 15x str. Danach alle M abk.

Die Anschlag- und Abkett-R flach ohne Wulst in Oliv zusnähen. Die obere Öffnung mit einem Faden in Oliv zuziehen und vernähen.

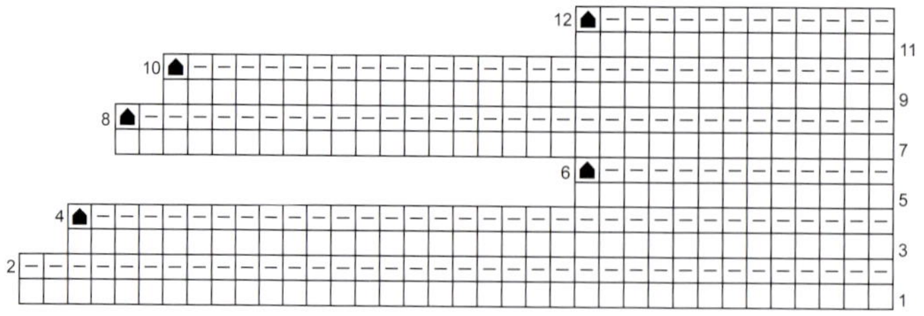

ZEICHENERKLÄRUNG

☐ = 1 rechte M

⊟ = 1 linke M

▲ = 1 Dm

Waschen

Alles bei 40 °C einmal waschen (siehe Allgemeine Erklärungen). Die Mütze nach dem Waschen aufprobieren und in Form ziehen.

Fertigstellen

Für das Hutband 9 M mit Nd Nr. 4,5 in Braun meliert anschl und 60 cm im Perlmuster str. Alle M abk und die Anschlag-R einmal verdreht an die Abkett-R nähen. Das Band um den Hut legen und mit dem Knopf befestigen.

Romantische Perlenkappe

→ in Schwarz oder Petrol

GRÖSSE
Kopfumfang ca. 54 cm

MATERIAL
- Schachenmayr Wash+Filz-it! in Schwarz (Fb 01) oder Petrol (Fb 07), 150 g
- Rundstricknadel Nr. 8
- verschiedene Perlen
- Stickgarn, Reste

MASCHEN-PROBE
Mit Nd Nr. 8 im Grundmuster
12 M und 17 R
= 10 cm x 10 cm
gefilzt
15 M und 22,5 R
= 10 cm x 10 cm

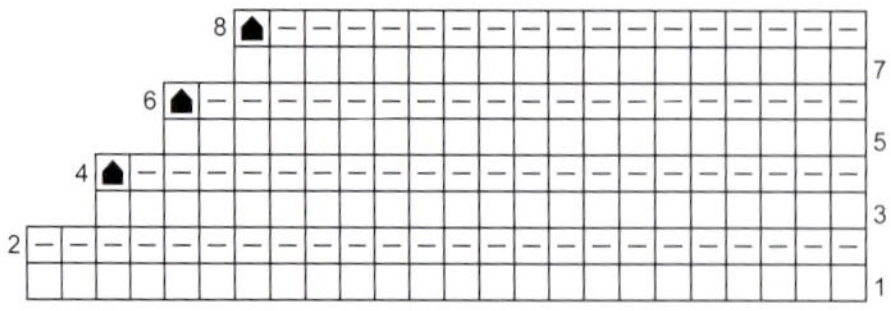

ZEICHENERKLÄRUNG

☐ = 1 rechte M

⊟ = 1 linke M

▲ = 1 Dm

Grundmuster

Glatt rechts: Hinr rechts, Rückr links

Anleitung

Für die hintere Mitte 24 M in Schwarz/Petrol anschl und 15x die 8 R der Strickschrift im Grundmuster str. Zusätzlich nach 30 R mit den Zunahmen für das Schild beginnen. Dafür am rechten Rand in jeder 2. R 9x 1 M und in jeder 4. R 1x 1 M dazu anschl (= 34 M). In der 61. R eine verkürzte R nur über die zugenommenen 10 M str. Mit einer Dm (siehe Allgemeine Erklärungen) wenden. Dies sind die beiden mittleren R (eventuell eine Markierung zur besseren Übersichtlichkeit anbringen). Nun die Mütze gegengleich beenden, d. h. aus Zuwerden Abnahmen und aus Ab- werden Zunahmen. Nach 122 R alle 24 M abk.

Die Anschlag- und Abkett-R flach ohne Wulst in Schwarz/Petrol zusnähen.
Die obere Öffnung mit einem Faden Wash+Filz-it! in Schwarz/Petrol zusziehen und vernähen.

Waschen

Alles bei 40 °C waschen (siehe Allgemeine Erklärungen).

Fertigstellen

Die Mütze nach dem Waschen aufprobieren und in Form ziehen. Mit den Perlen und dem Stickgarn besticken.

Kein alter Zopf

→ Mütze mit Ohrenklappen

GRÖSSE
Kopfumfang
ca. 53-55 cm

MATERIAL
- Schachenmayr Wash+Filz-it! in Weiß (Fb 02), 50 g und Mint (Fb 09), 150 g
- Rundstricknadel Nr. 8

MASCHEN-PROBE
Mit Nd Nr. 8 im Grundmuster
12 M und 17 R
= 10 cm x 10 cm

gefilzt
15 M und 22,5 R
= 10 cm x 10 cm

Grundmuster

Glatt rechts: Hinr rechts, Rückr links

Anleitung

Begonnen wird in der hinteren Mitte. Es wird um den Kopf herumgestrickt. 29 M anschl und im Grundmuster nach der Strickschrift str. Diese 8 R insgesamt 15x arbeiten.
Zusätzlich für die Ohrenklappen nur am rechten Rand ab der 3. R 9x 2 M in jeder 2. R anschl. Danach 8 R ohne Zunahmen str. Dann jede 2. R 2x 1 M, 1x 13 M, 1x 2 M und 3x 1 M abk. Es sind jetzt 27 M auf der Nd. Nach weiteren 20 R (= 60. R) ist die Mitte erreicht. Nun die Mütze gegengleich beenden. Aus Zu- werden Abnahmen und aus Ab- werden Zunahmen. Nach 120 R die restlichen 29 M abk.

Die Anschlag- und Abkett-R flach ohne Wulst in Mint zusnähen. Die obere Öffnung auch mit einem Faden in Mint zusziehen und vernähen.

Waschen

Alles bei 40 °C einmal waschen (siehe Allgemeine Erklärungen). Die Mütze nach dem Waschen aufprobieren und in Form ziehen.

Fertigstellen

Einen Pompon von ca. ø 6 cm (siehe Allgemeine Erklärungen) in Mint und Weiß herstellen und auf die Kopfmitte nähen. Die ganze Mütze in Weiß umstechen. Nun zwei Zöpfe flechten: Dafür jeweils 12 Fäden (6x Weiß und 6x Mint) von 60 cm Länge zuschneiden und zur Hälfte legen (=24 Fäden von je 30 cm). Daraus einen Zopf flechten (3x 8 Fäden) und am unteren Ende abbinden. Den zweiten Zopf genauso flechten und beide Zöpfe annähen.

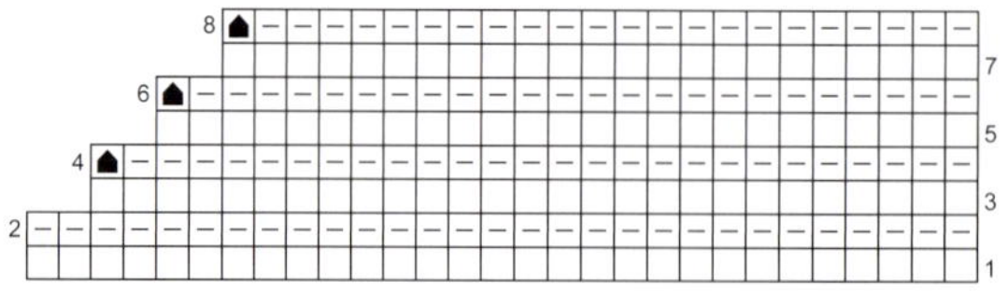

ZEICHENERKLÄRUNG

☐ = 1 rechte M
⊟ = 1 linke M
▲ = 1 Dm

Prinzessinnen-Hut

→ mit Schneeflöckchen

GRÖSSE
Kopfumfang
ca. 48-50 cm

MATERIAL
- Schachenmayr Wash+Filz-it! in Weiß (Fb 02), Rose (Fb 10) und Pink (Fb 11), je 50 g
- Rundstricknadel Nr. 8
- 17 verschiedene Perlen in Weiß, Flieder, Pink, ø 6-8 mm
- Tüllband in Weiß, 3-4 cm breit, 1,50 m

MASCHENPROBE
Mit Nd Nr. 8 im Grundmuster
12 M und 17 R
= 10 cm x 10 cm

gefilzt
15 M und 22,5 R
= 10 cm x 10 cm

Grundmuster

Glatt rechts: Hinr rechts, Rückr links

Anleitung

Insgesamt 30 M mit Nd 8 anschl, aber dabei die ersten 10 M in Weiß, dann 10 M in Pink und 10 M in Rose anschl. Beim Stricken die Fäden verkreuzen, damit keine Löcher beim Farbwechsel entstehen. Im Grundmuster nach der Strickschrift mit der 2. R (= Rückr) beginnen.
Die 1. bis 14. R 11x arbeiten, nach jedem Rapport (= 14 R) die Farben austauschen. Dafür immer die Farbe nach rechts wechseln, aus Weiß wird Pink, aus Pink wird Rose und aus Rose wird Weiß. Alle M abk.

Die Anschlag- und Abkett-R flach ohne Wulst in Weiß zusnähen. Die obere Öffnung mit einem Faden in Weiß zusziehen und vernähen.

Waschen

Alles bei 40 °C einmal waschen (siehe Allgemeine Erklärungen). Den Hut nach dem Waschen aufprobieren und in Form ziehen.

Fertigstellen

Verteilt auf 16 Stellen am Hut kleine Schleifchen anbringen. Dafür Tüllbandstücke von je ca. 8 cm zusfalten und mit einer Perle festnähen. Zuletzt noch eine Perle auf die obere Kopfmitte nähen.

Tipp: Falls Sie kein Tüllband bekommen, eignet sich auch Tüll vom Meter. Ein weißes Fliegengitter wäre auch eine Alternative!

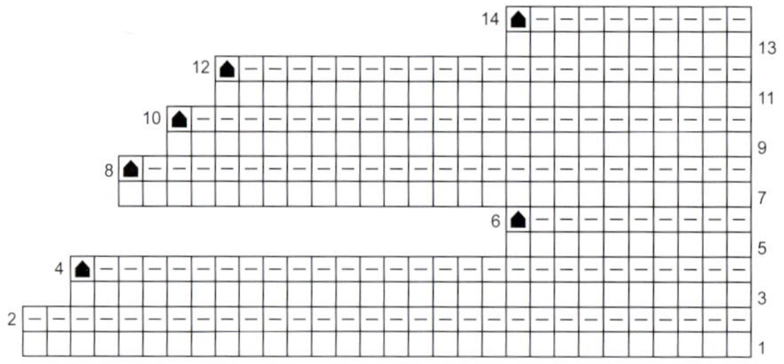

ZEICHENERKLÄRUNG

☐ = 1 rechte M
⊟ = 1 linke M
▲ = 1 Dm

Mütze für wilde Jungs

→ aber mit Kuschelohren

GRÖSSE
Kopfumfang
ca. 48-50 cm

MATERIAL
- Schachenmayr Ecologico Color in Blau Color (Fb 1730), 150 g
- Schachenmayr Softy in Marine (Fb 431), 50 g
- Nadelspiel Nr. 6
- Rundstricknadel Nr. 6
- 1 Paar Stricknadeln Nr. 3,5

MASCHEN-PROBE
Mit Nd Nr. 6 und Ecologico im Grundmuster
15 M und 21 R = 10 cm x 10 cm

gefilzt
22,5 M und 34 R = 10 cm x 10 cm

Grundmuster

Glatt rechts: Hinr rechts, Rückr links, in Rd nur rechts str

Anleitung

Begonnen wird mit dem Schlauch für den Knoten an der oberen Mitte der Mütze. Dafür 9 M auf das Nadelspiel Nr. 6 mit Ecologico anschl und 35 Rd im Grundmuster str. Anschließend für die Kappe wie folgt M zun, dabei die Zunahmestellen verteilen, dann wird die Kopfform runder:
2. Rd: jede M verdoppeln
4. Rd: 9 M zun
6. Rd: 9 M zun
8. Rd: 9 M zun
10. Rd: 9 M zun
12. Rd: 9 M zun
14. Rd: 9 M zun
16. Rd: 9 M zun
18. Rd: 9 M zun
22. Rd: 9 M zun
26. Rd: 9 M zun
30. Rd: 4 M zun = 112 M

Weitere 30 Rd ohne Zunahmen str und den Faden abschneiden. Über die vorderen mittleren 44 M das Schild str. Dafür 2 R im Grundmuster arbeiten, dann beids jede 2. R 10x 1 M und 1x 2 M abk. Die restlichen 20 M auf einmal abk.
Die verbleibenden 68 M wie folgt aufteilen: Die mittleren 22 M abk, über je 23 M die beiden Ohrenklappen str. Dafür beids in jeder 6. R 4x 1 M, in jeder 4. R 3x 1 M und in jeder 2. R 3x 1 M abk. Die restlichen 3 M auf einmal abk.

Waschen

Alles bei 40 °C einmal waschen (siehe Allgemeine Erklärungen).

Fertigstellen

Für das Futter aus Schachenmayr Softy die beiden Ohrenklappen (Anschlag je 23 M) und das Schild (Anschlag 44 M) noch einmal mit Nd Nr. 3,5 str und einnähen.
Um eine saubere Kante zu erhalten, die Teile rechts auf rechts auf die gefilzten Gegenstücke bis auf die oberen geraden Nähte stecken und annähen, wenden und die restliche Naht innen schließen. Den gefilzten Schlauch vom Anfang verknoten.

HAUSSCHUHE

Nie mehr kalte Füße! Ganz leicht können Sie diesen Wunsch für sich und die ganze Familie mit den Hausschuhen in diesem Kapitel verwirklichen, denn der nächste Winter kommt bestimmt.

Sternenhimmelpantoffeln

→ für Nachtschwärmer und Sternenfänger

GRÖSSE
39

MATERIAL
- Schachenmayr Wash+Filz-it! in Hellblau (Fb 08), 200 g und in Weiß (Fb 02), 50 g
- Anchor Metallic in Silber (Fb 301), 50 m
- Rundstricknadel Nr. 8
- Nadelspiel Nr. 8

MASCHENPROBE
Mit Nd Nr. 8 im Grundmuster 12 M und 17 R = 10 cm x 10 cm

gefilzt
15 M und 22,5 R = 10 cm x 10 cm

Grundmuster

Glatt rechts: Hinr rechts, Rückr links, in Rd nur rechts str

Anleitung

32 M in Hellblau anschl. Auf der Rundstricknadel mit einer Rückr linke M beginnen und im Grundmuster 33 R glatt rechts str. Danach alle M auf das Ndspiel verteilen (4x 8 M).
In der nächsten R in der vorderen Mitte 2 M anschl und damit zur Rd schließen. Es sind nun jeweils 2x 8 M und 2x 9 M auf den Nd. 28 Rd glatt rechts str.
Für die Spitze jeweils die ersten beiden M jeder Nd rechts zusstr, bis nur noch 2 M auf jeder Nd sind. Den Faden abschneiden, die restlichen 8 M damit zusziehen und innen fest vernähen.

Ausarbeiten

Die hintere Naht schließen. Anschließend Sterne nach Belieben in Weiß mit Spannstichen aufsticken. Den zweiten Schuh gegengleich arbeiten.

Waschen

Bei 40 °C einmal waschen (siehe Allgemeine Erklärungen).

Fertigstellen

Mit dem Silberfaden einzelne Konturen der Sterne in Spann- und Knötchenstich verzieren.

Pastellpuschen

→ mit flauschigem Fellrand

GRÖSSE
39

MATERIAL
- Schachenmayr Wash+Filz-it! in Flieder (Fb 12), 100 g, in Weiß (Fb 02), Hellblau (Fb 08), Mint (Fb 09) und Rosé (Fb 10), je 50 g
- Schachenmayr Dacapo in Weiß (Fb 01), 50 g
- Rundstricknadel Nr. 8
- Nadelspiel Nr. 8
- Nadelspiel Nr. 4,5

MASCHEN-PROBE
Mit Nd Nr. 8 im Grundmuster 12 M und 17 R = 10 cm x 10 cm

gefilzt
15 M und 22,5 R = 10 cm x 10 cm

Grundmuster

Glatt rechts: Hinr rechts, Rückr links, in Rd nur rechts str

Anleitung

32 M in Mint anschl und 11 R auf der Rundstricknadel im Grundmuster glatt rechts str. Weitere 11 R in Hellblau und die letzten 11 R des offenen Teils in Rosé str. Nun alle M auf das Ndspiel verteilen (4x 8 M). Auf der hinteren Mitte den Farbwechsel vornehmen.
In der vorderen Mitte zwischen der 2. und 3. Nd 2 M anschl. Es sind nun jeweils 2x 8 M und 2x 9 M auf den Nd. Zweimal die Streifenfolge arbeiten:
1 Rd in Weiß, 2 Rd in Flieder, 1 Rd in Weiß, 2 Rd in Mint, 1 Rd in Weiß, 2 Rd in Hellblau, 1 Rd in Weiß, 2 Rd in Rosé.
Anschließend noch 1 Rd in Weiß, die restlichen 3 Rd und die Spitze in Flieder str.
Für die Spitze jeweils die ersten beiden M jeder Nd rechts zusstr, bis nur noch 2 M auf jeder Nd sind. Den Faden abschneiden, die restlichen 8 M damit zusziehen und innen fest vernähen.

Ausarbeiten

Die hintere Naht schließen. Am oberen Rand 40 M auff und mit doppeltem Faden in Dacapo Weiß mit dem Ndspiel 4,5 25 Rd glatt rechts str. Alle M locker abk. Den zweiten Schuh genauso arbeiten.

Waschen

Bei 40 °C einmal waschen (siehe Allgemeine Erklärungen).

Pinkfarbene Blütenschuhe

→ romantisch verspielt

GRÖSSE
38

MATERIAL
- Schachenmayr Wash+Filz-it! in Pink (Fb 11), 150 g, in Mango (Fb 04) und Flieder (Fb 12), je 50 g
- Rundstricknadel Nr. 8
- Nadelspiel Nr. 8
- Häkelnadel Nr. 7
- 8 Perlen in passenden Farben, ø 4–7 mm

MASCHENPROBE
Mit Nd Nr. 8 im Grundmuster 12 M und 17 R = 10 cm x 10 cm

gefilzt
15 M und 22,5 R = 10 cm x 10 cm

Grundmuster

Glatt rechts: Hinr rechts, Rückr links, in Rd nur rechts str

Kraus rechts

Hinr rechts, Rückr rechts

Anleitung

32 M in Flieder anschl und 6 R in Flieder und 26 R in Pink mit der Rundstricknadel im Grundmuster glatt rechts str.
Nun alle M auf das Ndspiel verteilen (4x 8 M).
In Pink weiterstr, dabei in der vorderen Mitte 2 M anschl. Es sind nun jeweils 2x 8 M und 2x 9 M auf der Nd. Die 46. und 47. Rd ab Anschlag in Flieder str, dabei den Farbwechsel in der hinteren Mitte vornehmen. Die restlichen 11 Rd und die Spitze in Pink str.
Für die Spitze jeweils die ersten beiden M jeder Nd rechts zusstr, bis nur noch 2 M auf jeder Nd sind. Den Faden abschneiden, die restlichen 8 M damit zusziehen und innen fest vernähen.

Blüte in Flieder

Ca. 10 m Wolle halbieren. Mit 2 Nd des Spiels einen Streifen str, dafür 3 M anschl. Diese 3 M immer kraus rechts str. Alle weiteren M, die zu- oder abgenommen werden, glatt rechts str.
Für die Blütenbögen *nur am linken Rand in der 1. R 2 M und in der 3. R 1 M dazu anschl.
In der 6. R 1 M und in der 8. R 2 M abk.
Ab * 4x wdh. Die restlichen 3 M abk und die 3 Anfangs- und End-Rdm zum Kreis zusnähen.
Den inneren Rand mit 1 Rd von 12 fM und einer 2. Rd von 6 fM umhäkeln.

Blüte in Mango

Ca. 5 m Wolle halbieren. Mit 2 Nd des Spiels 30 M anschl. Im Grundmuster str. Mit einer Rückr linker M beginnen. Dann auf der Vorderseite in der 2. R abwechselnd 1 M rechts und 2 M rechts zusstr = 20 M.
Die 3. R ohne Abnahmen links str. In der 4. R stets 2 M rechts zusstr. Es bleiben 10 M übrig. Den Faden abschneiden und alle M zusziehen. Die seitliche Naht schließen.

Ausarbeiten

Die hintere Naht des Schuhs mit ein paar Stichen schließen, die beiden Blüten übereinander mittig auf den fliederfarbenen Streifen nähen. Den zweiten Schuh genauso arbeiten.

Waschen

Bei 40 °C einmal waschen (siehe Allgemeine Erklärungen).

Fertigstellen

Nach dem Waschen Perlen als Blütenstempel aufnähen.

Pantoffeln mit Glitzerrand

→ für den großen Auftritt

GRÖSSE
38

MATERIAL
- Schachenmayr Wash+Filz-it! in Schwarz (Fb 01) und Burgund (Fb 06), je 100 g und in Rosé (Fb 10), 50 g
- Schachenmayr Brazilia Lamé in Schwarz (Fb 99), 50 g
- Rundstricknadel Nr. 8
- Nadelspiel Nr. 8
- Häkelnadel Nr. 5

MASCHEN-PROBE
Mit Nd Nr. 8 im Grundmuster 12 M und 17 R = 10 cm x 10 cm
gefilzt
15 M und 22,5 R = 10 cm x 10 cm

Grundmuster

Glatt rechts: Hinr rechts, Rückr links, in Rd nur rechts str

Anleitung

32 M auf der Rundstricknadel anschl, dabei die ersten 20 M in Burgund und die nächsten 12 M in Schwarz anschl und 32 R im Grundmuster glatt rechts str. Die Fäden der einzelnen Farben verkreuzen, damit keine Löcher entstehen.
Nun alle M auf das Ndspiel verteilen (4x 8 M). Mit Rosé ab der hinteren Mitte weiterarbeiten. In der vorderen Mitte 2 M anschl. Es sind nun jeweils 2x 8 M und 2x 9 M auf den Nd. Insgesamt 8 Rd in Rosé str.
Die restlichen 18 Rd bis zur Spitze 3x in der Farbfolge: 1 Rd in Schwarz, 2 Rd in Burgund, 1 Rd in Schwarz und 2 Rd in Rosé str.
Die Spitze in Burgund arbeiten. Dafür jeweils die ersten beiden M jeder Nd rechts zusstr, bis nur noch 2 M auf jeder Nd sind. Den Faden abschneiden, die restlichen M damit zuziehen und innen fest vernähen.

Ausarbeiten

Die hintere Naht des Schuhs mit ein paar Stichen schließen. In den breiten roséfarbenen Streifen gleichmäßig über die Oberseite verteilt Kreuzstiche in Schwarz aufsticken. Den Rand mit 36 Stb in Brazilia Lamé umhäkeln. Den zweiten Schuh gegengleich arbeiten.

Waschen

Bei 40 °C einmal waschen (siehe Allgemeine Erklärungen).

Männersache

→ Clogs mit Wohlfühlgarantie

GRÖSSE
45

MATERIAL
- Schachenmayr Wash+Filz-it! in Schwarz (Fb 01), 150 g, in Mango (Fb 04), Sienna (Fb 05) und Petrol (Fb 07), je 50 g
- Rundstricknadel Nr. 8
- Nadelspiel Nr. 8

MASCHEN-PROBE
Mit Nd Nr. 8 im Grundmuster
12 M und 17 R
= 10 cm x 10 cm

gefilzt
15 M und 22,5 R
= 10 cm x 10 cm

Grundmuster

Glatt rechts: Hinr rechts, Rückr links, in Rd nur rechts str

Anleitung

20 M in Schwarz anschl und 14 R im Grundmuster glatt rechts auf der Rundstricknadel str. Danach in jeder 2. R nach der Anfangs- und vor der End-Rdm jeweils 1 M zun bis 38 M erreicht sind.
Nach insgesamt 38 R alle M auf das Ndspiel verteilen (2x 9 M und 2x 10 M). Auf der hinteren Mitte den Farbwechsel vornehmen. In der nächsten Rd in der vorderen Mitte 2 M anschl und zur Rd schließen. Es sind nun jeweils 4x 10 M auf den Nd.
Nun 3 Rd in Sienna, 2 Rd in Schwarz, 3 Rd in Petrol, 2 Rd in Schwarz, 3 Rd in Mango, 2 Rd in Schwarz, 3 Rd in Sienna, 2 Rd in Schwarz, 3 Rd in Petrol, 2 Rd in Schwarz, 3 Rd in Mango, 2 Rd in Schwarz und 3 Rd in Sienna str.
Für die Spitze in Schwarz jeweils die ersten beiden M jeder Nd rechts zusstr, bis nur noch 2 M auf jeder Nd sind. Den Faden abschneiden, die restlichen 8 M damit zusziehen und innen fest vernähen.

Ausarbeiten

Die hintere Naht schließen.
Den zweiten Schuh genauso arbeiten.

Waschen

Bei 40 °C einmal waschen (siehe Allgemeine Erklärungen)

Hausschuhe in warmen Tönen

→ ganz und gar nicht klein kariert

GRÖSSE
37

MATERIAL
- Schachenmayr Wash+Filz-it! in Burgund (Fb 06), 150 g und in Sienna (Fb 05), 50 g
- Rundstricknadel Nr. 8
- Nadelspiel Nr. 8
- 2 Druckknöpfe, ø 21 mm

MASCHENPROBE
Mit Nd Nr. 8 im Grundmuster 12 M und 17 R = 10 cm x 10 cm

gefilzt
15 M und 22,5 R = 10 cm x 10 cm

Grundmuster

Glatt rechts: Hinr rechts, Rückr links, in Rd nur rechts str

Anleitung

Die Karos mit einzelnen Knäueln arbeiten, dafür je drei Knäuel in Burgund und Sienna abwickeln. 32 M in Burgund anschl und 26 R auf der Rundstricknadel im Grundmuster glatt rechts str. Anschließend am linken Rand 2 M in Burgund und am rechten Rand jeweils 4 M in Burgund und 4 M in Sienna anschl.
Über die 16 ersten M im Karomuster wie folgt str: Rdm in Sienna, dann abwechselnd 3 M in Sienna und 3 M in Burgund arbeiten. Den Rest der M in Burgund str, dabei die Fäden der einzelnen Farben hinten verkreuzen, damit keine Löcher entstehen. Das Karomuster wird alle 5 R versetzt. In der 16. Karoreihe am rechten und linken Rand alle zugenommenen M wieder abk. In Burgund weiterstr.
Nun alle M auf das Ndspiel verteilen (4x 8 M). In der vorderen Mitte 2 M anschl. Es sind nun jeweils 2x 8 M und 2x 9 M auf den Nd. Anschließend 14 Rd str.
Für die Spitze jeweils die ersten beiden M jeder Nd rechts zusstr, bis nur noch 2 M auf jeder Nd sind.
Den Faden abschneiden, die restlichen 8 M damit zuziehen und innen fest vernähen.

Ausarbeiten

Die hintere Naht schließen. Den zweiten Schuh gegengleich arbeiten.

Waschen

Bei 40 °C einmal waschen (siehe Allgemeine Erklärungen).

Fertigstellen

Die Druckknöpfe unter die Lasche nähen und das jeweilige Gegenstück am Schuh anbringen.

Riemenpuschen

→ für romantische Mädchen

GRÖSSE
36

MATERIAL
- Schachenmayr Wash+Filz-it! in Mango (Fb 04), 150 g, in Weiß (Fb 02), Hellblau (Fb 08), Mint (Fb 09), Rosé (Fb 10), Pink (Fb 11) und Flieder (Fb 12), Reste
- Rundstricknadel Nr. 8
- Nadelspiel Nr. 8
- Häkelnadel Nr. 7
- 2 Perlen, ø 10 mm

MASCHENPROBE
Mit Nd Nr. 8 im Grundmuster 12 M und 17 R = 10 cm x 10 cm

gefilzt
15 M und 22,5 R = 10 cm x 10 cm

Grundmuster

Glatt rechts: Hinr rechts, Rückr links, in Rd nur rechts str

Anleitung

30 M in Mango anschl und 40 R im Grundmuster glatt rechts auf der Rundstricknadel str. Dann alle M auf das Ndspiel verteilen (2x 8 M und 2x 7 M).
In der nächsten Rd in der vorderen Mitte 2 M zusätzlich anschl und zur Rd schließen. Es sind jetzt jeweils 8 M auf jeder Nd. Anschließend 14 Rd str.
Für die Spitze jeweils die ersten beiden M jeder Nd rechts zusstr, bis nur noch 2 M auf jeder Nd sind. Den Faden abschneiden, die restlichen M damit zusziehen und innen fest vernähen.
Nun den gestrickten Schuh in der Hälfte der Gesamtlänge mit einer Stecknd markieren. Rechts und links dieser Stecknd je 3 M für das Riemchen aus dem Rand herausstr und über diese 6 M noch 20 R glatt rechts str. Alle M abk. Den zweiten Schuh gegengleich arbeiten.

Ausarbeiten

Die hinteren Nähte schließen. Für jeden Schuh sechs Noppen in den unterschiedlichen Farben häkeln. Dafür in 1 Lm 5 Stb häkeln und zus abmaschen. Die Noppen auf das Vorderteil des Schuhs verteilen und fest aufnähen.

Waschen

Bei 40 °C einmal waschen (siehe Allgemeine Erklärungen).

Fertigstellen

Sofort nach dem Waschen in die noch feuchte Spitze des Riemchens mit der Stricknadel ein Loch bohren und pro Schuh eine Perle als Verschluss annähen.

TASCHEN

Jede Tasche ein Stück Persönlichkeit! Egal ob sportlich, praktisch, modisch oder elegant und edel – eine Tasche ist immer ein individuelles Accessoire.

City-Tasche

→ mit großer Lasche

GRÖSSE
gefilzt:
ca. 40 cm x 27 cm
gestrickt:
ca. 56 cm x 43 cm

MATERIAL
- Gedifra Fashion Trend Fino Stripe in Grün (Fb 5668) und Türkis (Fb 5669), je 150 g
- Schachenmayr Brazilia Color in Riviera (Fb 106), 50 g
- Rundstricknadel Nr. 7

MASCHENPROBE
Mit Nd Nr. 7 im Grundmuster 12 M und 16 R = 10 cm x 10 cm

Grundmuster

Glatt rechts: Hinr rechts, Rückr links, in Rd nur rechts str

Kraus rechts

Hinr rechts, Rückr rechts, in Rd 1 Rd rechts, 1 Rd links str

Hinweis: Die Wolle doppelfädig, d. h. einen Faden Fashion Trend Fino Stripe in Grün mit einem Faden Fashion Trend Fino Stripe in Türkis verarbeiten!

Anleitung

Für den Taschenboden 50 M anschl und 38 R kraus rechts str. Ab jetzt in Rd weiterarbeiten. Dafür die 50 M der Nd str, aus der kurzen Seite 18 M, aus der langen Seite 50 M und aus der anderen kurzen Seite nochmals 18 M herausstr (136 M). Für das Muster jetzt Brazilia mit einstr. Dafür die erste Rd mit 5 M Brazilia beginnen, dann weiter mit Fashion Trend. Nun in jeder Rd die 5 Brazilia-M um 3 M nach links versetzen. So „schlängelt" sich der Streifen langsam um die ganze Tasche. Nach 50 Rd im Grundmuster noch 2 Rd kraus rechts str. Dann für den Taschengriff die mittleren 30 M der ersten Längsseite stilllegen, die mittleren 30 M der zweiten Längsseite nicht zu locker abk und in der nächsten Rd wieder anschl. Noch 10 Rd kraus rechts über alle M weiterstr und dann alle M nicht zu locker abk. Über die stillgelegten 30 M für die Verschlussklappe 24 R kraus rechts str, dann für die Schrägung an einer Seite in jeder 2. R immer 3 M abk, bis keine M mehr übrig ist.

Waschen

Alles bei 45 °C zweimal waschen (siehe Allgemeine Erklärungen).

Tipp: Eine Glasbrosche im gleichen Farbton lässt die Tasche edel wirken. Als sinnvoller Nebeneffekt beschwert sie den Verschluss, so dass die Tasche immer gut verschlossen bleibt und kein anderer Verschluss nötig ist.

Runde Tasche

→ mit Fransen

GRÖSSE
gefilzt:
ø ca. 40 cm
gestrickt:
ø ca. 50 cm

MATERIAL
- Gedifra Fashion Trend Surprise in Pink (Fb 4406), 400 g
- Schachenmayr Brazilia in Traube (Fb 48), 50 g
- Rundstricknadel Nr. 8
- 2 Nadelspiele Nr. 8
- 1 Häkelnd Nr. 6
- 1 rechteckiger Knopf, 1,9 x 4 cm
- 2 rechteckige Knöpfe, 1,4 x 3 cm
- ggf. 1 Druckknopf

MASCHEN-PROBE
Mit Nd Nr. 8 im Grundmuster 10 M und 13 R = 10 cm x 10 cm

Kraus rechts

Hinr rechts, Rückr rechts,
in Rd 1 Rd rechts, 1 Rd links str

Hinweis: Fashion Trend Surprise doppelfädig verarbeiten!

Anleitung

Die beiden runden Seiten der Tasche werden 2x gleich gearbeitet. Dafür auf einem Nadelspiel 8 M (2 M pro Nd) anschl und kraus rechts str. Die folgenden Zunahmen werden in den links gestr Rd vorgenommen und sind pro Nd angegeben. Sie sollten beim Zun gleichmäßig, aber versetzt zur Vor-Rd verteilt werden, damit kein Muster entsteht:
1. Rd: rechts
2. Rd: 1 M zun (= 12 M)
4. Rd: 2 M zun (= 20 M)
6. Rd: 1 M zun (= 24 M)
8. Rd: 2 M zun (= 32 M)
10. Rd: 2 M zun (= 40 M)
12. Rd: 2 M zun (= 48 M)
14. Rd: 2 M zun (= 56 M) und jetzt alle M auf 8 Nd verteilen.
16. Rd: 1 M zun (= 64 M)
18. Rd: 1 M zun (= 72 M)
20. Rd: 1 M zun (= 80 M)
24. Rd: 1 M zun (= 88 M)
28. Rd: 2 M zun (= 104 M)
32. Rd: 2 M zun (= 120 M); jetzt alle M auf die Rundstricknadel nehmen.
36. Rd: nach jeder 12. M 1 M zun (= 130 M)
38. Rd: alle M sehr locker abk (siehe Allgemeine Erklärungen).

Das zweite Teil genauso str.

Für die Träger 8 M in Pink anschl und 384 R kraus rechts str. In der 385. R und den folgenden R die beiden ersten und die beiden letzten M zusstr, bis alle M verbraucht sind.

Ausarbeiten

Bei jeder runden Taschenseite in einem Abstand von 40 M für die Taschenöffnung jeweils zwei Markierungen anbringen. Nun werden die Taschenteile mit fM in Brazilia Traube um- und zusgehäkelt. Beim Träger wird in jede zweite R und bei den runden Teilen in jede M gehäkelt. Begonnen wird an der Anschlagkante des Trägers. Nach 20 fM der Längsseite nun den Träger und das runde Vorderteil ab Markierung mit fM bis zur nächsten Markierung zushäkeln. Dann den Träger weiter um die Spitze herum umhäkeln und das zweite runde Taschenteil parallel zur Vorderseite einarbeiten.
Zum Schluss die beiden Ränder des Eingriffs ebenfalls mit Brazilia umhäkeln.

Waschen

Alles bei 45 °C zweimal waschen (siehe Allgemeine Erklärungen).

Fertigstellen

Für den Taschenverschluss das hintere Teil über das vordere Teil klappen und eine kleine Schlinge aus Brazilia für den Knopf anhäkeln. Den Knopf in die Mitte des Vorderteils nähen. Mit den beiden kleineren Knöpfen die Träger verbinden.

Tipp: Die Tasche ist ganz rund gestrickt. Wenn in die Innenseiten der runden Teile oben ein Druckknopf eingenäht wird, kann die Tasche auch rund getragen werden.

Jeden-Tag-Shopper

→ immer dabei, da macht Einkaufen wieder Spaß

GRÖSSE
gefilzt:
ca. 40 cm x 32 cm
gestrickt:
ca. 55 cm x 54 cm

MATERIAL
- Gedifra Fashion Trend Surprise in Grau (Fb 4416), 500 g
- Rundstricknadel Nr. 8
- Rundstricknadel Nr. 5,5
- Häkelnd Nr. 5
- 1 Knopf, ø 1,7 cm
- 1 Paar gerade Taschengriffe aus Bambus, 30 cm lang (z. B. von Prym)
- 8 m Lederkordel in Schwarz
- 4 Bodennägel

MASCHEN-PROBE
Mit Nd Nr. 8 im Grundmuster 10 M und 13 R = 10 cm x 10 cm

Grundmuster

Glatt rechts: Hinr rechts, Rückr links, in Rd nur rechts str

Kraus rechts

Hinr rechts, Rückr rechts, in Rd 1 Rd rechts, 1 Rd links str

Hinweis: Die Wolle doppelfädig verarbeiten!

Anleitung

Für den Taschenboden 20 M anschl und 100 R kraus rechts str. Alle M abk. An einer Längsseite 51 M auff. 1 Rückr rechts, dann im Grundmuster str. Nach 64 R ab Boden 4 R kraus rechts str. In der 69. R ab Taschenboden für die Griffaussparung die mittleren 17 M abk und jede Seite getrennt fertig stellen. Dafür noch jeweils 20 R kraus rechts stricken und abk, nach innen umklappen und in Höhe der Abkett-R für den Griff annähen. Die zweite Längsseite ab Boden genauso str. Die beiden schmalen Taschenseiten sind wie folgt zu str: 20 M am Taschenboden auff, 1 Rückr rechts und im Grundmuster weiter str. Die 65. bis 68. R kraus str. In der 69. R alle M abk.

Für die kleine Geldbörse mit einfachem Faden und Nd 5,5 28 M anschl, 4 R kraus rechts und 43 R im Grundmuster str. Dann 1 Rückr rechts als Bruch-R, 2 R im Grundmuster und 6 R kraus str. In der folgenden R für das Knopfloch die mittleren 2 M abk. In der nächsten R (letzte R) 13 M abk, aus der verbleibenden M mit der Häkelnd 3 Lm häkeln und die restlichen M abk.

Ausarbeiten

Alle vier Seitenteile der Tasche von außen mit fM zushäkeln. Die Seitennähte der Geldbörse schließen und an der Bruch-R die Börse innen an die Tasche unterhalb der Griff-Abkett-R annähen.

Waschen

Alles bei 60 °C zweimal waschen (siehe Allgemeine Erklärungen).

Fertigstellen

Nach dem Trocknen den Knopf an die Geldbörse nähen. Auf der Vorderseite links und rechts die Kante zweimal mit der doppelten Lederkordel absteppen. Die Bambusstangen einführen und die hinteren Öffnungen zunähen, damit die Stangen nicht herausrutschen. Die Bodennägel unten an den 4 Ecken des Bodens anbringen.

Tipp: Da der Shopper recht groß ist, passt viel hinein. Der Boden wird bedeutend stabiler und hängt nicht durch, wenn man sich im Baufachmarkt eine Hartfaserplatte passend zuschneiden lässt und in die Tasche legt. Damit die Tasche besser ihre Form behält und nicht so auseinanderklafft, kann man an den oberen schmalen Rändern mit Lederkordel eine kleine Falte einhalten.

Business-Tasche

→ nicht nur für Streber oder Workoholics

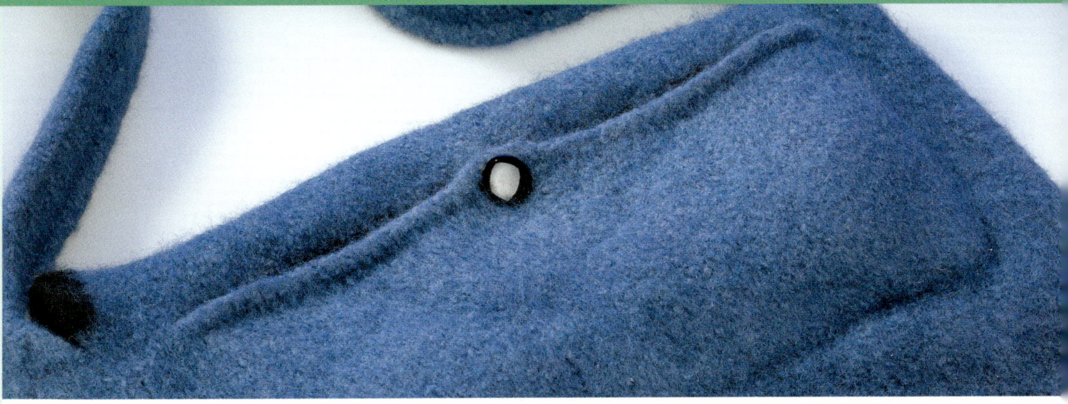

GRÖSSE
gefilzt:
ca. 45 cm x 30 cm
gestrickt:
ca. 60 cm x 45 cm

MATERIAL
- Schachenmayr Wash+Filz-it! in Schwarz (Fb 01), 150 g und in Petrol (Fb 07), 550 g
- Rundstricknadel Nr. 8
- 2 Schließen, 4 cm
- 1 Schließe, 6 cm
- 1 Knopf, ø 2 cm

MASCHENPROBE
Mit Nd Nr. 8 im Grundmuster 12 M und 18 R = 10 cm x 10 cm

Grundmuster

Glatt rechts: Hinr rechts, Rückr links, in Rd nur rechts str

Anleitung

Für die hintere Innentasche 48 M in Schwarz anschl und 40 R im Grundmuster str, M stilllegen. 60 M in Petrol anschl und 20 R für den Taschenboden im Grundmuster str. Ab jetzt in Rd weiterarbeiten. Dafür zunächst die 60 M str, aus den kurzen Seiten je 9 M und aus der zweiten langen Seite 60 M herrausstr (138 M). Dann 62 Rd im Grundmuster arbeiten. Die mittleren hinteren 4 M für das Knopfloch abk und in der nächsten Rd wieder anschl. Nach 66 Rd ab Boden die mittleren hinteren 48 M abk und dafür die stillgelegten M der hinteren Innentasche einfügen. Noch 4 Rd glatt rechts über alle M str. In der 71. Rd die hinteren 60 M str, die seitlichen 9 M stilllegen, die vorderen 60 M abk, die seitlichen 9 M stilllegen. Über die hinteren 60 M die Klappe str.
34 R im Grundmuster str, dann in jeder 2. R beids 1x 1 M, 1x 2 M, 1x 3 M, 1x 4 M und 1x 5 M abk. Die restlichen 30 M auf einmal abk. In Schwarz den Rand der Klappe mit ca. 108 M auff und nach 3 R rechts alle M abk.

Für die Träger über die jeweils stillgelegten 9 M einmal 95 R und einmal 155 R in Petrol str und abk.

Für die kleinere Tasche 13 M in Schwarz anschl, 50 R im Grundmuster str und abk.

Für die größere Tasche 26 M in Schwarz anschl, 50 R im Grundmuster str und abk.

Für die Riemchen 2x je 4 M in Schwarz anschl, 20 R im Grundmuster str und abk.

Ausarbeiten

Die hintere Tasche innen einnähen. Die beiden Vordertaschen ab der 16. Rd ab Boden aufnähen. Die Verschluss-Riemen unter den Rand nähen.

Waschen

Alles bei 40 °C einmal waschen (siehe Allgemeine Erklärungen).

Fertigstellen

Alle Schließen und Knöpfe annähen.

Hinweis: Bitte alle Nähte mit der Wolle Wash+Filz-it! schließen. Eine andere Wolle filzt anders und die Nähte können nicht gleichmäßig mitfilzen.

Tasche mit Schminkbeutel

→ total von der Rolle

GRÖSSE
gefilzt:
ca. 35 cm x 22 cm
gestrickt:
ca. 75 cm x 45 cm

MATERIAL TASCHE
- Schachenmayr Wash+Filz-it! in Sienna (Fb 05), 200 g, in Burgund (Fb 06) und Petrol (Fb 07), je 150 g
- Rundstricknadel Nr. 8
- 2 Nadelspiele Nr. 8
- Häkelnd Nr. 6
- Reißverschluss in Petrol, 36 cm
- 4 Lederstücke in Rot, gleichseitiges Trapez (oben 4 cm, Seiten: 3,5 cm, unten: 2-2,5 cm)

BEUTEL
- Schachenmayr Wash+Filz-it! in Sienna (Fb 05), Burgund (Fb 06) und Petrol (Fb 07), je 50 g

MASCHEN-PROBE
Mit Nd Nr. 8 im Grundmuster 12 M und 18 R = 10 cm x 10 cm

Grundmuster

Glatt rechts: Hinr rechts, Rückr links, in Rd nur rechts str

Kraus rechts

Hinr rechts, Rückr rechts, in Rd 1 Rd rechts, 1 Rd links str

Anleitung

Tasche

Für das Mittelteil 90 M in Petrol anschl und 31 R im Grundmuster str, dann 20 R in Sienna und noch 31 R in Burgund. Alle M abk.
Die beiden Seitenteile werden in Rd gestrickt. Dafür jeweils in Sienna auf einem Nadelspiel 8 M (2 M pro Nd) anschl und kraus rechts str. Die folgenden Zunahmen werden in den links gestr Rd vorgenommen, sind pro Nd angegeben und sollten beim Zun gleichmäßig, aber versetzt zur Vor-Rd verteilt werden, damit kein Muster entsteht:
1. Rd: rechts
2. Rd: 1 M zun (= 12 M)
4. Rd: 2 M zun (= 20 M)
6. Rd: 1 M zun (= 24 M)
8. Rd: 2 M zun (= 32 M)
10. Rd: 2 M zun (= 40 M)
12. Rd: 2 M zun (= 48 M)
14. Rd: 2 M zun (= 56 M) und alle M auf 8 Nd verteilen.
16. Rd: 1 M zun (= 64 M)
18. Rd: 1 M zun (= 72 M)
20. Rd: 1 M zun (= 80 M)
Alle M sehr locker abk (siehe Allgemeine Erklärungen).

Für die beiden Träger je 3 M auf das Nadelspiel anschl (siehe Allgemeine Erklärungen) und eine Kordel mit 190 Rd in Sienna str. Den Taschenkörper von der 6. M bis zur 85. M der Anschlag-R mit den 80 M des ersten Seitenteils mit fM zushäkeln und gegengleich die Abkettseite mit dem zweiten Teil zushäkeln.

Beutel

In Burgund wie das Seitenteil der Tasche bis Rd 12 (48 M) str. Dann 25 Rd glatt rechts in Sienna weiter arbeiten. Ab der 26. Rd in Petrol str. In der 28. Rd für die Loch-R 24x immer 2 M rechts zusstr, 1 U. Noch 4 Rd str, dabei den U auch rechts arbeiten. Alle M abk. Für die Kordel in Burgund 3 M auf das Nadelspiel anschl (siehe Allgemeine Erklärungen) und eine Kordel mit 75 Rd str.

Wichtig: Kordel erst nach dem Waschen einziehen.

Waschen

Alles bei 40 °C einmal waschen (siehe Allgemeine Erklärungen).

Fertigstellen

Nach dem Waschen den Reißverschluss oben in die Tasche einnähen. Die Kanten schauen dabei etwas über die Tasche hinaus. Die Träger annähen. Beim Schuster (oder Lederladen) die Träger der Tasche mit Lederstücken befestigen lassen!
Die Kordel in die Loch-R des Beutelchens einfädeln und die Enden fest verknoten.

Tipp: Wer keine Lederflicken möchte, kann die Träger auch mit festem Stoff oder kleinen gestrickten Quadraten annähen.

Tasche im Trachtenlook

→ schick auch ohne Wanderstiefel

GRÖSSE
gefilzt:
ca. 41 cm x 32 cm
gestrickt:
ca. 55 cm x 45 cm

MATERIAL
- Schachenmayr Schafswolle in Biber (Fb 10), 400 g und in Kiesel (Fb 97), 100 g
- Schachenmayr Regia 6fädig in Kirsche (Fb 2002), 50 g
- Rundstricknadel Nr. 8
- 1 Paar Strickndl Nr. 4
- 1 Paar Taschengriffe (z. B. von Prym)
- 7 Trachtenknöpfe in diversen Formen, ø 2 cm-2,5 cm
- 4 Trachtenknöpfe in Herzchenform, Herzmitte ø 1 cm
- 2 m Wachskordel in Braun
- etwas Füllwatte

MASCHENPROBE
Mit Nd Nr. 8
im Grundmuster
11 M und 17 R
= 10 cm x 10 cm

Grundmuster

Glatt rechts: Hinr rechts, Rückr links, in Rd nur rechts str

Hinweis: Immer mit doppeltem Faden stricken.

Anleitung

82 M in Biber mit Nd Nr. 8 anschl. Dann *die Hinr rechts, in der Rückr 8 M rechts, 64 M links, 8 M rechts str. Ab * Abfolge 50x wdh, d.h. 100 R str. Alle M abk. Das Teil in der Mitte zuslegen und die Seitennähte schließen. Beginnend an der Seitennaht, aus dem oberen Rand ringsherum 100 M in Kiesel auff und im Grundmuster 8 Rd str. In der 9. Rd 3 Knopflöcher einarbeiten, dafür 10 M str, 3 M abk, 10 M str, 4 M abk, 10 M str, 3 M abk und den Rest der Rd rechts weiter str. In der nächsten Rd die abgeketteten M wieder anschl und noch 9 Rd im Grundmuster weiter str. Alle M abk.

Waschen

Alles bei 70 °C zweimal waschen (siehe Allgemeine Erklärungen).

Herzchen

Mit Nd Nr. 4 und Regia in Kirsche mit doppeltem Faden 12 M anschl und 12 R im Grundmuster str. Die M teilen und über die jeweiligen 6 M je 2 R str und die M abk. Dieses Teil 4x arbeiten. Je 2 Teile rechts auf rechts legen, den Herzschnitt (siehe Vorlage auf dieser Seite) auflegen und außen herum steppen.

Eine kleine Öffnung offen lassen, damit sich das Herz wenden lässt. Nach dem Wenden mit Füllwatte ausstopfen und den Spalt zunähen. Das zweite Herzchen genauso fertigen. Beide Herzen mit einer aus Regia-Wolle gedrehten Kordel verbinden und Herzchenknöpfe vorne und hinten annähen.

Fertigstellen

Die Taschengriffe an den oberen Rand der Tasche oberhalb der Knopflöcher nähen. 3 Knöpfe in die gegenüber liegende Innenseite der Knopflöcher nähen. Die restlichen Knöpfe nach Geschmack verteilen und annähen. Die Herzchen mit einer Schleife an einen Knopf binden.

Tipp: Die Herzchen ganz fest stricken. Dann lassen sie sich schön prall füllen!

Bärentasche

→ mit Geheimfächern

GRÖSSE
gefilzt:
ca. 20 cm
gestrickt:
ca. 33 cm

MATERIAL
- Schachenmayr Wash+Filz-it! in Schoko (Fb 03), 250 g und in Weiß (Fb 02), 50 g
- Schachenmayr Brazilia in Natur (Fb 02), 50 g
- schwarzes Garn, Rest
- 2 Nadelspiele Nr. 8
- 2 Reißverschlüsse in Braun, ca. 14 cm
- 1 Reißverschluss in Braun, ca. 16 cm
- 2 große Glasaugen

MASCHEN-PROBE
Mit Nd Nr. 8 im Grundmuster 12 M und 20 R = 10 cm x 10 cm

Grundmuster

Glatt rechts: Hinr rechts, Rückr links, in Rd nur rechts str

Kraus rechts

Hinr rechts, Rückr rechts, in Rd 1 Rd rechts, 1 Rd links str

Anleitung

Der Kopf wird in einem Teil gestr, begonnen wird in der vorderen Mitte. Mit Nadelspiel Nr. 8 in Schoko 8 M (=2 M pro Nd) anschl und kraus rechts str. Die folgenden Zunahmen werden in den links gestr Rd vorgenommen und sind pro Nd angegeben. Sie sollten gleichmäßig, aber versetzt zur Vor-Rd verteilt werden, damit kein Muster entsteht:

1. Rd: rechts
2. Rd: 1 M zun (= 12 M)
4. Rd: 2 M zun (= 20 M)
6. Rd: 1 M zun (= 24 M)
8. Rd: 2 M zun (= 32 M)
10. Rd: 2 M zun (= 40 M)
12. Rd: 2 M zun (= 48 M)
16. Rd: 2 M zun (= 56 M)
19. Rd: alle M auf 8 Nd verteilen
20. Rd: 1 M zun (= 64 M)
24. Rd: 1 M zun (= 72 M)
28. Rd: 2 M zun (= 88 M)
32. Rd: die ersten 22 M links abk,
restliche 66 M weiter links str, jetzt ist die Mitte des Teils erreicht, ab hier die restlichen Rd entgegengesetzt ausführen, d. h. aus Zunahmen werden Abnahmen.
33. Rd: 22 M wieder anschl, restliche M rechts str
38. Rd: 2x 2 M zusstr (= 72 M)
42. Rd: 1x 2 M zusstr (= 64 M)
So fortfahren und mit der 66. Rd enden, die restlichen 8 M zusziehen und vernähen.

Für das Schnäuzchen mit je 1 Faden in Wash+Filz-it! in Weiß und Brazilia in Natur 8 M anschl, bis zur 6. Rd wie das Kopfteil str, dann noch 2 Rd ohne Zunahmen str und abk. Das Schnäuzchen mit Wash+Filz-it! in Weiß füllen und aufnähen.
Für die Ohren in Wash+Filz-it! aus der Vorderseite in Weiß und aus der Rückseite in Schoko jeweils neben der Taschenöffnung 12 M auff und 7 R kraus rechts str. Dann in jeder 2. R die ersten und letzten beiden M zusstr. Die restlichen 2 M abk.
Für den Träger 3 Kordeln (siehe Allgemeine Erklärungen) mit jeweils 4 M und jeweils 200 Rd in glatt rechts str. Anfangs- und Endfäden ca. 15 cm hängen lassen. Alle 3 Stränge mit den langen Anfangsfäden zusknoten und aus den Kordeln einen Zopf flechten. Dann die Endfäden verknoten und alle Fäden jeweils zwischen den Ohren und der Öffnung nach innen ziehen, verknoten und fest vernähen.

Waschen

Alles bei 40 °C einmal waschen (siehe Allgemeine Erklärungen).

Fertigstellen

Nase in Schwarz aufsticken, Augen annähen und Reißverschlüsse in die Ohren und die Taschenöffnung nähen.

ACCESSOIRES

Ein passendes Modell für Ihren Wohnbereich finden Sie ganz sicher in diesem Kapitel. Ob Zeitschriftenhalter, Türkranz oder Stiftebecher – die Möglichkeiten, die das Strickfilzen bereithält, sind äußerst vielseitig.

Witzige Eierwärmer

→ gut behütet in Pastelltönen

GRÖSSE
gefilzt:
15 cm hoch
gestrickt:
23 cm hoch

MATERIAL
- Gedifra Sheela in Natur (Fb 4125), 50 g
- Schachenmayr Wash+Filz-it! in Weiß (Fb 02), 50 g und in Mint (Fb 09), Rosé (Fb 010) oder Hellblau (Fb 08), je ca. 15 g
- Nadelspiel Nr. 5
- Sticknadel mit breitem Öhr

MASCHENPROBE
Mit Nd Nr. 5 im Grundmuster 12 M und 16 Rd = 10 cm x 10 cm

Grundmuster

Glatt rechts: Hinr rechts, Rückr links, in Rd nur rechts str

Kraus rechts

Hinr rechts, Rückr rechts, in Rd 1 Rd rechts, 1 Rd links str

Streifenfolge

Im Wechsel 5x 5 Rd in Hellblau (bzw. Rosé oder Mint) und 4x 3 Rd in Weiß

Anleitung

16 M in Sheela anschl (= 4 M pro Nd) und 2 Rd kraus rechts str. Dann zu Hellblau (Rosé oder Mint) wechseln und weiter im Grundmuster in der Streifenfolge arbeiten.
Die Abnahmen gelten je Nadel und sollten versetzt erfolgen. In der 19. Rd nur auf 2 gegenüberliegenden Nd je 1 M abn. Daraus ergibt sich eine M-Verteilung von 3/4/3/4. In der 25. Rd auf den beiden anderen gegenüberliegenden Nd je 1 M abn (3/3/3/3). Diese Abnahmen in der 28. Rd (2/3/2/3) und 31. Rd (2/2/2/2) wdh. Dann die Abnahmen erneut in der 36. Rd und in der 42. Rd wdh, so dass nun 1 M je Nd bleibt. Die restlichen 4 M abk, den Faden durchziehen und vernähen. An die Spitze einige Fäden in Sheela nähen.

Waschen

Alles bei 60 °C einmal waschen (siehe Allgemeine Erklärungen).

Fertigstellen

Die Eierwärmer zum Trocknen möglichst auf ein Stopfei oder ein Holzei aus dem Kinderkaufladen setzen. Während des Trocknens die Öffnung immer wieder etwas dehnen.

Blumenkissen

→ in warmen Farben

GRÖSSE
gefilzt:
40 cm x 30 cm
gestrickt:
55 cm x 45 cm

MATERIAL

- Schachenmayr Wash+Filz-it! in Sienna (Fb 05), 400 g, in Burgund (Fb 06), Mango (Fb 04) und Pink (Fb 11), je 50 g
- waschbare Füllwatte, 400-500 g
- Stricknadel Nr. 7
- Sticknadel
- Woll- oder Smyrnanadel

MASCHENPROBE
Mit Nd Nr. 7
im Grundmuster
11 M und 14 R
= 10 cm x 10 cm

Grundmuster

Glatt rechts: Hinr rechts, Rückr links str

Kraus rechts

Hinr und Rückr rechts str

Anleitung

Kissen

Für die beiden Kissenteile je 60 M in Sienna anschl und im Grundmuster 64 R str und abk. Dann Vorder- und Rückseite links auf links aufeinander stecken und mit der Wollnadel und einem Faden in Sienna bis auf eine ca. 15 cm große Öffnung knappkantig zusnähen.

Große Blüte

Die große Blüte besteht aus einer Blütenmitte und vier Blütenblättern. Die Blütenmitte mit doppeltem Faden aus Sienna und Pink kraus rechts str. Dazu 4 M anschl und 2 R str. In der nächsten R beids 1 M zun. Dann eine R ohne Zunahmen str und in der nächsten R beids 2 M zun. 4 R ohne Zunahmen str. In der folgenden R beids je 2 M abn und eine R ohne Abnahmen anschließen. Jetzt beids eine M abn und 2 R ohne Abnahmen str. Dann abk.
Für das Blütenblatt 10 M in Burgund anschl und die Blütenblätter kraus rechts str.
3 R str und in der nächsten R beids je 1 M zun und eine R ohne Zunahmen anschließen. In der nächsten R wieder beids 1 M zun. 2 R ohne Zunahmen str. Dann beids eine M abn und eine R ohne Abnahmen anschließen. Die beiden letzten R wdh und danach eine weitere R ohne Abnahmen str und abk. Weitere drei Blütenblätter str. Nun die vier Blütenblätter um die Blütenmitte anordnen und mit Burgund annähen. Zusätzlich von hinten noch einige einzelne Fäden in verschiedenen Farben und Längen annähen und hängen lassen. Nun in die Blütenmitte einen Kreis mit weinroten Spannstichen aufsticken und diesen mit gelben Steppstichen umsticken. Zuletzt je Blütenblatt zwei parallele gelbe Spannstiche aufbringen.

Mittlere Blüte

Für die mittlere Blüte eine Mitte in Pink und einen dreifarbigen Streifen str. Dazu für die Blütenmitte mit doppeltem Faden 4 M anschl und 2 R kraus rechts str. Dann beids 1 M zun und 3 R ohne Zunahmen str. In der nächsten R beids 1 M abn und 2 R ohne Abnahmen str und abk. Für den Blütenrand mit Burgund, Sienna und Pink zus (= 3 Fäden) 4 M anschl und 40 R kraus rechts str und abk. Den Rand kreisförmig um die Blütenmitte legen und mit einem Faden in Pink annähen.

Kleine Blüte

Die kleine Blüte in Weinrot wie das Blütenblatt str. Die Blüte mit gelbem Garn und Saumstichen umranden und mit einigen Spannstichen mittig einen Kreis und kurze sternförmig gesetzte Stiche aufsticken. In den gelben Kreis noch einen pinkfarbenen Mittelpunkt setzen.

Filzkugeln

Aus den Garnresten 14 kleine Bälle formen und mit etwas längeren Fadenstücken umwickeln und gut verknoten.

Waschen

Das Kissen, die Blüten und die Filzkugeln bei 60 °C einmal waschen. Die Filzkugeln dazu in einen alten Nylonstrumpf füllen und zubinden (siehe Allgemeine Erklärungen).

Fertigstellen

Nun das verfilzte Kissen mit der Füllwatte füllen und die offene Naht mit einem Faden in Sienna schließen. Diese Naht für die Unterseite verwenden. Jetzt die Blüten auf das Kissen aufnähen. Um die kleine weinrote Blüte kreisförmig in pink und gelb Vorstiche setzen. Auf die mittlere Blüte gelbe Spannstiche und kleine Punkte aufsticken. An beiden Seiten je 7 Filzkugeln annähen.

Zeitschriftenhalter

→ in harmonischer Farbfolge

GRÖSSE
gefilzt:
28 cm x 45 cm
gestrickt:
50 cm x 60 cm

MATERIAL
- Schachenmayr Alpaka Fashion in Gelb meliert (Fb 122), 200 g, in Kirsche (Fb 130), Hummer (Fb 133) und Pfirsich (Fb 125), je 50 g
- Bambusstab, 50 cm lang, ø 2 cm
- Stricknadel Nr. 3,5
- Nähnadel

MASCHEN-PROBE
Mit Nd Nr. 3,5 im Grundmuster 20 M und 28 R = 10 cm x 10 cm

Grundmuster

Glatt rechts: Hinr rechts, Rückr links str

Kraus rechts

Hinr und Rückr rechts str

Anleitung

Rückwärtiges Teil

100 M in Gelb meliert anschl und 10 R kraus rechts str. Dann 60 cm im Grundmuster arbeiten und wieder 10 R kraus rechts str und abk.
Für die fünf Schlaufen je 10 M in Gelb meliert anschl und 60 R kraus rechts str und abk.

Zeitschriften-Fächer

Für die Fächer je 70 M anschl und 50 R im Grundmuster (= ca. 38 cm) str und abk. Ein Fach in Orange, eines in Lachs und eines in Kirsche str.

Ausarbeiten

Zum Nähen das Alpakagarn in der jeweils passenden Farbe benutzen.
Die fünf Streifen mittig zuslegen und als Schlaufen gleichmäßig verteilt am oberen Rand annähen. Die drei Zeitschriftenhalter ebenfalls umklappen und gleichmäßigen Abständen als Rollen auf das rückwärtige Teil nähen.

Waschen

Den Zeitschriftenhalter bei 40 °C einmal waschen (siehe Allgemeine Erklärungen). Zum Trocknen am besten mit Zeitschriften oder Handtüchern bestückt aufhängen.
So bekommt er am besten die gewünschte Form.

frechverlag

Türkranz in Weiß-Rot

→ herzlicher Willkommensgruß

GRÖSSE
gefilzt: ø 27 cm
gestrickt:
85 cm lang

MATERIAL
- Schachenmayr Wash+Filz-it! in Weiß (Fb 02), 200 g
- Schachenmayr Alpaka Fashion in Kirsche (Fb 130), 50 g und in Natur (Fb 02), Rest
- Perlmuttknopf in Natur, ø 12 mm
- 4 Perlmuttknöpfe in Natur, ø 20 mm
- waschbare Füllwatte, 400-500 g
- Nadelspiel Nr. 8
- Stricknadel Nr. 5
- Nähnadel
- Sticknadel

MASCHENPROBE
Mit Nd Nr. 8 im Grundmuster 14 M und 18 R = 10 cm x 10 cm

Grundmuster

Glatt rechts: Hinr rechts, Rückr links, in Rd nur rechts str

Kraus rechts

Hinr rechts, Rückr rechts, in Rd 1 Rd rechts, 1 Rd links str

Streifenfolge

Kraus rechts 7 R in Kirsche, 6 R in Natur, 4 R in Kirsche, 3 R in Natur und 4 R in Kirsche str.

Anleitung

Kranz

36 M (= 9 M je Nd) mit dem Nadelspiel in Wash+Filz-it! Weiß anschl und im Grundmuster ca. 160 Rd (ca. 85 cm) str. Dabei in unregelmäßigen Abständen in das weiße Strickstück bei 1 bis 2 Rd einen Faden Alpaka Fashion in Kirsch mitlaufen lassen und zus verstr. Anschließend alle M abk.

Gefülltes, gestreiftes Herz

Für die Herzvorderseite 3 M mit Nd Nr. 5 mit doppeltem Faden in Kirsche anschl und kraus rechts, der Streifenfolge entsprechend weiterstr. 2. und 3. R ohne Zunahmen str. In der nächsten R beids je 1 M zun und wieder 2 R ohne Zunahmen str. In der nächsten R (der 7. R) wieder beids je 1 M zun und 3 weitere R (bis zur 10. R) ohne Zunahmen arbeiten. In der 11. R erfolgt beids je 1 M zun und 1 R ohne Zunahmen str. In der 13. R beids je 1 M zun und 5 R ohne Zunahmen str. In der 19. R wieder beids je 1 M zun und 1 R ohne Zunahmen str. In der 21. R beids je 1 M zun. In der 22. R 7 M str, 1 M abk und die nächsten 7 M mit zwei neuen Fäden in Kirsche weiterstr. Jetzt bei beiden Herzrundungen mit den getrennten Fadenabschnitten je 2 R ohne Zunahmen arbeiten und dann beide Seiten abk. Die Herzrückseite mit doppeltem Faden in Kirsche deckungsgleich arbeiten. Beide Teile aufeinander legen, bis auf eine kleine Öffnung zusnähen, füllen und die Öffnung schließen.

Gefülltes, rotes Herz

Das rote, gefüllte Herz wie das gestreifte Herz, aber einfarbig mit doppeltem Faden in Kirsche str.

Flache Herzen

Mit doppeltem Faden in Kirsche 3 M mit Nd Nr. 5 anschl und kraus rechts wie das gestreifte Herz bis zur 19. R str und dann abk. Die Herzeinkerbung in der Mitte der oberen Kante durch einige Vorstiche herstellen, die zusgezogen werden. Nun nach Belieben weiße Punkte mit Plattstichen aufsticken.
Die beiden flachen melierten Herzen genauso str. Jedoch einen doppelten Faden aus Kirsche und Alpaka in Natur bilden.

Waschen

Den weißen Schlauch und die Herzen bei 60 °C einmal waschen (siehe Allgemeine Erklärungen).

Fertigstellen

Den verfilzten, noch feuchten Schlauch füllen und die beiden offenen Enden so zusnähen, dass ein Kranz entsteht. In Form biegen und trocknen lassen. Eine kleine Schleife auf das gestreifte Herz, den kleinen Knopf auf das rote Herz, alle Herzen auf den Kranz und die vier Perlmuttknöpfe auf den Kranz nähen.
Aus Wash+Filz-it! in Weiß einen Aufhänger herstellen.

Hübsche Beutel

→ so macht Aufräumen Spaß

GRÖSSE

gefilzt:
kleiner Beutel 24 cm x 25 cm
großer Beutel 25 cm x 40 cm

gestrickt:
kleiner Beutel 32 cm x 35 cm
großer Beutel 35 cm x 47 cm

MATERIAL

- Stricknadel Nr. 5
- Stricknadel Nr. 7
- Sticknadel
- Woll- oder Smyrnanadel

KLEINER BEUTEL

- Gedifra Fashion Trend Fino Stripe (Fb 5634), 100 g
- Schachenmayr Wash+Filz-it! in Weiß (Fb 02), Rest
- Baumwollband in Natur, 1 cm x 150 cm

GROSSER BEUTEL

- Schachenmayr Wash+Filz-it! in Weiß (Fb 02), 200 g und in Rosé (Fb 10), 100 g
- Baumwollband in Rosé, 1 cm breit, 1,20 m lang
- 3 Wachsperlen in Natur, ø 12 mm

MASCHENPROBE

Mit Nd Nr. 7 im Grundmuster
18 M und 26 R (kleiner Beutel)
12 M und 17 R (großer Beutel)
= 10 cm x 10 cm

Kleiner Beutel

Grundmuster

Glatt rechts: Hinr rechts, Rückr links str

Kraus rechts

Hinr und Rückr rechts str

Anleitung

Für das Vorder- und Rückenteil mit Nd Nr. 7 je 60 M mit Fashion Trend anschl und 3 R kraus rechts str. Dann 90 R (ca. 38 cm) im Grundmuster arbeiten und abk. Beide Teile mit Fashion Trend links auf links knappkantig zusnähen. Das Baumwollband in die dicke Wollnadel einfädeln und mit größeren Stichen ca. 3 cm unterhalb des oberen Randes Vorstiche einziehen. Für das Etikett mit Stricknadel Nr. 5 mit Wash+Filz-it! 18 M in Weiß anschl und 16 R im Grundmuster str und abk.
Drei unterschiedlich eingefärbte Garnstücke von Fashion Trend jeweils kreisförmig und kleiner werdend als kleines Röschen aufeinander schichten, festnähen und mittig auf die obere Kante des Etikettes nähen.

Waschen

Den Beutel bei 60 °C zweimal waschen, das Etikett einmal (siehe Allgemeine Erklärungen).

Fertigstellen

In der Mitte des Etiketts mit doppeltem Faden in Fashion Trend in Steppstichen ein Herz aufsticken und dann das Etikett mit sichtbaren Vorstichen aufnähen.

Großer Beutel

Grundmuster

Glatt rechts: Hinr rechts, Rückr links str

Kraus rechts

Hinr und Rückr rechts str

Anleitung

Für die Vorderseite 55 M mit Nd Nr. 7 in Rosé anschl und 34 R im Grundmuster str. Dann zu Weiß wechseln und 12 R str. Nun 4 R in Rosé und 2 R in Weiß str. Weitere 11 R in Rosé str und abk. Für die Rückseite 55 M in Weiß anschl und 63 R (bis es die gleiche Größe wie das Vorderteil hat) im Grundmuster str und abk. Dann die beiden Teile hochkant (so dass aus den Querstreifen Längstreifen werden) aufeinander legen und an drei Seiten links auf links zusnähen. Das Band wie beim Beutel mit Etikett beschrieben einziehen. Zwei kleine Kugeln aus Garnresten wickeln (vgl. Filzkugeln S. 53, „Blumenkissen").

Blüten (3x)

Für die drei Blüten mit Nd Nr. 5 je 6 M in Weiß anschl und 3 R kraus rechts str. In der nächsten R je 1 M beids zun. Dann 3 R ohne Zunahmen str. Jetzt beids je 1 M abn und 2 R ohne Abnahmen str und abk. Die Blüten mit zwei als Kreuz gesetzten Spannstichen in der Blütenmitte mit roséfarbenem Faden aufnähen.

Waschen

Den Beutel, die Blüten und Kugeln bei 60 °C einmal waschen (siehe Allgemeine Erklärungen).

Fertigstellen

In die Blütenmitten je eine Perle nähen und die beiden Filzkugeln an die Enden des Bandes annähen.

Topflappen und Untersetzer

→ in Schwarz-Weiß-Optik

GRÖSSE

gefilzt:
Topflappen
18 cm x 18 cm
Untersetzer
19 cm x 19 cm

gestrickt:
Topflappen
30 cm x 31 cm
Untersetzer
30 cm x 28 cm

MATERIAL

- Schachenmayr Wash+Filz-it! in Weiß (Fb 02) und Schwarz (Fb 01), je 100 g
- Stricknadel Nr. 6
- Häkelnadel Nr. 6
- Sticknadel

MASCHENPROBE

Mit Nd Nr. 5
im Grundmuster
12 M und 16 R
(Topflappen),
in kraus rechts
(Untersetzer)
12 M und 22 R
= 10 cm x 10 cm

Grundmuster

Glatt rechts: Hinr rechts, Rückr links str

Kraus rechts

Hinr und Rückr rechts str

Streifenfolge 1

6 R in Weiß, 6 R in Schwarz, 2 R in Weiß, 4 R in Schwarz, 4 R in Weiß, 3 R in Schwarz, 4 R in Weiß, 7 R in Schwarz, 2 R in Weiß, 3 R in Schwarz, 7 R in Weiß

Streifenfolge 2

6 R in Schwarz, 3 R in Weiß, 2 R in Schwarz, 5 R in Weiß, 4 R in Schwarz, 8 R in Weiß, 3 R in Schwarz, 4 R in Weiß, 5 R in Schwarz, 2 R in Weiß, 7 R in Schwarz

Anleitung

Topflappen mit weißem Rand

35 M in Weiß anschl und glatt rechts im Grundmuster und in der Streifenfolge 1 str. Dabei beids am Beginn und Ende jeder R 5 M in Weiß str. Alle M abk.
Für den Aufhänger 16 Lm häkeln und an den Topflappen annähen.

Topflappen mit schwarzem Rand

Wie den Topflappen mit weißem Rand arbeiten jedoch die Streifenfolge 2 str und die seitlichen Ränder mit je 5 M in Schwarz str.

Topfuntersetzer

35 M in Schwarz anschl und kraus rechts nach dem Zählmuster str. Dann alle M abk.

Waschen

Alles bei 60 °C einmal waschen (siehe Allgemeine Erklärungen).

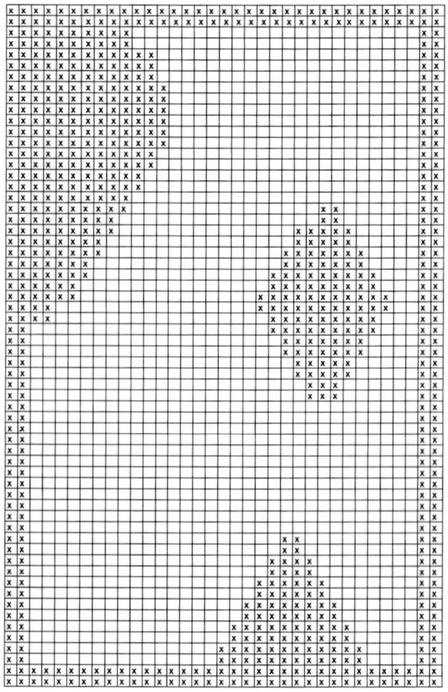

Kuschelige Wärmflasche

→ Hüttenzauber für zu Hause

GRÖSSE
gefilzt:
26 cm x 21 cm
gestrickt:
34 cm x 37 cm

MATERIAL
- Schachenmayr Alpaka in Kiesel (Fb 95), 150 g, in Marmor (Fb 91), 150 g und in Natur (Fb 02), Rest
- Schachenmayr Alpaka Fashion in Kirsche (Fb 130), 50 g
- Edelweiß-Knopf in Altsilber, ø 4 cm
- 2 Herzknöpfe aus Holz, ø 2 cm
- kleine Wärmflasche
- Stricknadel Nr. 4
- Nähnadel
- Woll- oder Smyrnanadel

MASCHENPROBE
Mit Nd Nr. 4 und doppeltem Faden im Grundmuster 12 M und 16 R = 10 cm x 10 cm

Grundmuster

Glatt rechts: Hinr rechts, Rückr links str

Hinweis: Die Alpakawolle doppelfädig verarbeiten.

Streifenfolge

4 R in Marmor, 2 R in Kiesel, 2 R in Marmor, 2 R in Kiesel, 24 R in Marmor, 2 R in Kiesel, 2 R in Marmor, 2 R in Kiesel, 6 R in Marmor

Anleitung

Wärmflasche

Die Wärmflasche besteht aus einem vorderen und einem rückwärtigen Teil. Dazu je 40 M in Marmor anschl und nach der Streifenfolge im Grundmuster weiter str. Wenn das Farbmuster beendet ist, beids 10 M abk (20 M bleiben in der Mitte). Dann 12 R in Marmor weiterstr und abk. Die Rückseite genauso arbeiten. Beide Teile links auf links aufeinander stecken und mit dem Garn in Marmor die offenen Kanten bis auf die obere Öffnung schließen.

Farbmuster Wappen

1.-4. R: alle M in Kirsche
5.-8. R: 4 M in Kirsche, 6 M in Natur, 4 M in Kirsche
9.-12. R: 2 M in Kirsche, 10 M in Natur, 2 M in Kirsche
13.-16. R: 4 M in Kirsche, 6 M in Natur, 4 M in Kirsche
17.-18. R: alle M in Kirsche
20. R: alle M in Kirsche abk

Wappen

8 M in Kirsche doppelfädig anschl und das Farbmuster im Grundmuster str. Dabei in der 2., 3. und 4. R beids 1 M zun.

Waschen

Die Wärmflaschenhülle und das Wappen bei 40 °C einmal waschen (siehe Allgemeine Erklärungen).

Fertigstellen

Noch feucht das Wappen auf die Hülle nähen und zum Trocknen die Wärmflasche zusrollen und in die Hülle schieben. Nun mit doppeltem Faden in Kirsche mit der Wollnadel um die Öffnung Vorstiche einziehen und an die Enden die beiden Herzknöpfe auffädeln und festknoten. Den Edelweißknopf dekorativ aufnähen.